7 Juin 1900

V.

Succession

Hubert DEBROUSSE

SOMPTUEUX MOBILIER

Objets d'Art

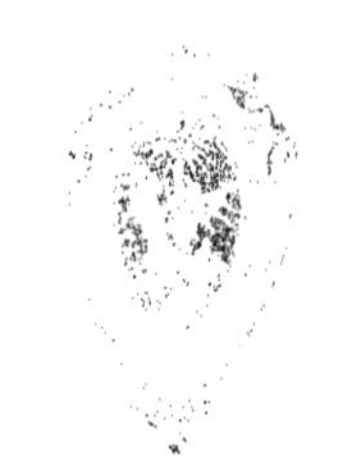

SUCCESSION HUBERT DEBROUSSE

CATALOGUE

DU

SOMPTUEUX MOBILIER

Styles XVIIIe siècle et Ier Empire

MARBRES IMPORTANTS

de Clésinger, Carrier-Belleuse et Madrassi

BRONZES D'ART & D'AMEUBLEMENT

Matières précieuses et Porcelaines montées

ARGENTERIE, ORFÈVRERIE, TAPISSERIE, TENTURES, TAPIS, COFFRES-FORTS
LIVRES, LINGE

DÉPENDANT

de la Succession de M. HUBERT DEBROUSSE

ET GARNISSANT SON HOTEL

66, Avenue Victor-Hugo, 66

Où la vente aura lieu

Les Jeudi 7, Vendredi 8, Samedi 9, Lundi 11, Mardi 12 Juin 1900

Et jours suivants s'il y a lieu

A DEUX HEURES

PAR LE MINISTÈRE DE

Me LÉON TUAL	Me G. DUCHESNE
COMMISSAIRE-PRISEUR	COMMISSAIRE-PRISEUR
56, Rue de la Victoire, 56	6, Rue de Hanovre, 6

ASSISTÉ DE **M. A. BLOCHE**, EXPERT PRÈS LA COUR D'APPEL

28, Rue de Châteaudun, 28

EXPOSITIONS

PARTICULIÈRE	**PUBLIQUE**
Le Mardi 5 Juin 1900	*Le Mercredi 6 Juin 1900*

DE 2 HEURES A 6 HEURES 1/2

NOTA. — Le Catalogue servira d'entrée à l'exposition particulière.

LE PRÉSENT CATALOGUE SE TROUVE A

Paris	Chez Me Léon Tual, commissaire-priseur, 56, rue de la Victoire.
—	Chez Me Georges Duchesne, commissaire-priseur, 6, rue de Hanovre.
—	Chez M. A. Bloche, expert près la Cour d'Appel, 28, rue de Châteaudun.
Londres.	Chez M. F. Davis, 149, New Bond Street.
Rome	Galerie Sangiorgi, Palais Borghèse.
Florence.......... .	Chez M. Galli Dunn, 3, Piazza San Maria Novella.
Francfort-sur-Mein.	Chez MM. Goldschmidt, joailliers, 15, Kaizerstrasse.
Berlin...............	Chez M. Gustave Levy, 87 et 88, Wilhelmstrasse.
Munich	Chez M. Bernheimer, 3, Maximilien Platz.
Amsterdam..........	Chez M. J. Boasberg, 63, Kalverstraat.

CONDITIONS DE LA VENTE

La vente sera faite *expressément* au comptant.

Les acquéreurs payeront en sus des adjudications *cinq pour cent*.

L'exposition mettant le public à même de se rendre compte de l'état des objets, il ne sera admis aucune réclamation une fois l'adjudication prononcée.

Paris. — Imprimerie Ménard et Chaufour, 8-10, Rue Milton.

ORDRE DES VACATIONS

Jeudi 7 juin

Sculptures. — Marbres. — Terres cuites. — gaînes et colonnes. — Bronzes d'art et d'ameublement. — Lustres et torchères. — Porcelaines. — Faïences.

Vendredi 8 juin

Services de table. — Argenterie. — Orfèvrerie. — Plaqué. — Bronze. — Objets divers. — Mobilier du rez-de-chaussée.

Samedi 9 juin

Livres. — Suite du mobilier de la galerie des bureaux, vestibules. — Loggia. — Salle à manger. — Tapis. — Tentures. — Tapisserie.

Lundi 11 juin

Mobilier du grand salon et du petit salon. — De la salle de billard. — De la serre. — Des chambres à coucher et cabinet de toilette. — Garde-Robe. — Tapis. — Tentures.

Mardi 12 juin

Linge de maison. — Mobilier. — Objets divers. — Meubles courants. — Ustensiles de cave et de cuisine. — Matériel de jardin, etc.

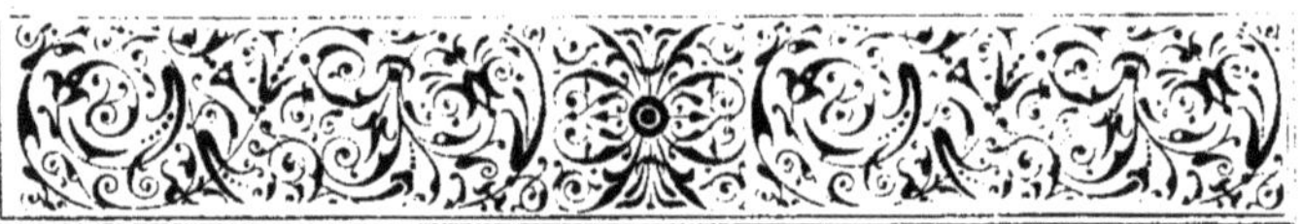

DÉSIGNATION

REZ-DE-CHAUSSÉE

GALERIE

1 — Important ameublement de salon 1er Empire, bois sculpté et doré couvert en lampas fond rouge, dessin clair ton sur ton à grands ramages. Il se compose de quatre canapés avec montants d'accotoirs à cariatides de chimères, et huit fauteuils avec pieds à griffes de chimères, bandeaux dessin à grecques, accotoirs à volutes.

2 — Huit coussins en même lampas.

3 — Très important ameublement de salon de style Louis XIV, composé de deux canapés, six fauteuils et six chaises en bois sculpté et doré, dossiers à frontons, mascarons, guirlandes, rosaces et volutes, accotoirs à feuillages, couverts de lampas fond rouge à dessin d'entrelacs et arabesques fleuries.

4 — Quatre coussins en même lampas.

5 — Deux confidents en forme de tricycles, bois sculpté et doré, style Louis XIV, couverts en même lampas.

6 — Beau meuble de salon de style Louis XIV, composé d'un grand canapé, trois fauteuils et trois chaises en bois sculpté et doré, dossiers à frontons avec écusson chiffré H. D., dans des cartouches feuillagés tenus par des enfants assis, accotoirs à têtes de chimères menaçantes et feuillages, pieds à pilastres reliés par des croisillons, couverts en lampas broché à grands ramages grisailles et argentins sur fond rouge.

7 — Deux coussins couverts en même lampas.

8 — Canapé a dossier surbaissé recouvert en même lampas, avec montants d'accotoirs à têtes de chimères, volutes et pilastres, style Louis XIV.

9 — Deux chaises légères de style Louis XVI en bois sculpté et doré, dessin à rubans enroulés, dossier cintré avec motifs feuillag' au milieu et biniou au centre, pieds cannelés et feuillages, couvertes en lampas rouge broché à ramages.

10 — Belle table rectangulaire en bois sculpté et doré à riche ornementation, bandeau à gaudrons et pointes d'asperges, moulures à rubans enroulés, piètement en forme d'éventail offrant des consoles renversées avec mascarons et guirlandes posant sur cariatides de chimères. Le dessus formé d'une magnifique mosaïque de Florence représentant des oiseaux, des rinceaux et médaillons en matières précieuses orientales, encastrée dans une large moulure en bronze ciselé et doré avec ornements débordant aux extrémités et

aux écoinçons. L'entre-jambe en bois sculpté et doré avec corbeille au centre.

Haut. : 0m90
Long. : 1m70
Larg. : 1m

11-12 — Deux superbes meubles en forme de commodes avec tiroirs à l'intérieur, ouvrant à deux portes, forme cintrée, en marqueterie de bois de rose et de violette, très richement garni de bronzes ciselés et dorés, médaillons à sujets allégoriques, encadrés de fleurs, montants de milieu à mascarons et coquilles tout autour se détachant des rocailles palmées et enrubannées avec médailles suspendues à des chaînes fixes, les pieds sont formés de cariatides de béliers, dessus en marbre rouge griotte. Ces meubles du style xviiie siècle, rappellent les fameuses commodes du Palais Royal de Madrid.

Haut. : 0m90
Long. : 1m60

13-14 — Deux beaux meubles ouvrant à trois portes, celles des côtés cintrées en bois de thuya et marqueterie de bois noir richement orné de bronzes ciselés et dorés, chutes à trophées d'attributs champêtres suspendus à des nœuds de rubans, chapiteaux et bandeaux enguirlandés; sur le battant du milieu se détache une applique à groupe de colombes sur arc et carquois, entourées d'une couronne de roses, sur les battants de côtés des rosaces. Ces meubles de style Louis XVI rappellent les dressoirs-dessertes de la salle à manger de la reine Marie-Antoinette. Ils sont supportés par des griffes de lions, dessus en marbre blanc.

Haut. : 1m05
Long. : 2m10

15 — Beau meuble en bois d'amaranthe richement orné de bronzes ciselés et dorés, forme cintrée sur les côtés formant étagères en marbre blanc, devant ouvrant à porte pleine avec motif de bronze

doré à ornements et rinceaux, bandeaux à arabesques, dessus en marbre blanc, style Louis XVI, rappelant le dressoir-desserte de l'ancien Palais des Tuileries.

Haut. : 0m95
Long. : 1m90

16 — Magnifique meuble en bois de violette richement orné de bronzes ciselés et dorés, offrant sur le devant et sur les côtés des bas-reliefs, sujets mythologiques d'après Clodion, se détachant dans un cintre à rinceaux fleuris, et suspendu à une tête de lion, bandeaux et frises à arabesques et guirlandes, montants à cannelures feuillagées, dessus en marbre blanc, style Louis XVI, rappelant le célèbre meuble de la salle à manger du roi.

Haut. : 0m95
Long. : 1m80

CABINET DE TRAVAIL

17 — Très beau meuble en bois de violette richement garni de bronzes ciselés et dorés, offrant sur le devant dans un demi arc un trophée à attributs militaires, côtés cintrés flanqués de trophées de licteurs, bandeaux à feuilles de chêne, pieds à griffes de lion ; dessus en marbre veiné dessinant la commode. Style Louis XVI. Par sa facture ce meuble rappelle celui de la salle à manger du roi.

Haut. : 0m97
Long. : 2m

18 — Magnifique bureau ouvrant à cylindre en bois d'acajou moucheté orné de bronzes ciselés et dorés à rais de cœur et perlés, pieds et montants à guirlandes feuillagées et fleuries, volutes et griffes, le

haut orné d'une galerie ajourée. Style Louis XVI. Ce meuble est la reproduction du bureau de la reine Marie-Antoinette.

Haut. : 1^m20
Long. : 1^m50
Larg. : 0^m80

19-20 — Deux bahuts d'entre-deux à hauteur d'appui en marqueterie de bois garni de bronzes, bandeaux à arabesques sur fond de bois teinté vert, dessus en marbre blanc. Style Louis XV.

BUREAU DE M. DEBROUSSE

21 — Très beau cabinet en laque de Chine, décor d'or à pagodes et personnages, charnières, écoinçons et entrées de serrure en cuivre gravé, posant sur un socle. Époque Louis XIV.

Haut. : 1^m10
Larg. : 1^m

22 — Petite console en acajou à côtés cintrés, garnie de bronzes dorés, bandeau à arabesques, dessus en brocatelle d'Espagne. Style Louis XVI.

23 — Grand bureau ministre en noyer, dessus en maroquin marron.

24 — Grand coffre-fort de Fichet.

25 — Grande glace biseautée avec cadre doré Louis XIII.

26 — Chaise fumeuse en noyer ciré, couverte en drap orné d'applications

27 — Deux chaises en noyer sculpté couvertes en tapisserie au point. Style Louis XV.

28 — Fauteuil de bureau tournant, en cuir rouge capitonné.

29 — Grand coffre-fort.

BUREAU DU SECRÉTAIRE

30 — Chiffonnier en marqueterie de bois, poignées et entrées de serrure en bronze, dessus en marbre. Style Louis XV.

31 — Meuble de bureau en bois noir sculpté.

32 — Bureau ministre en bois noir sculpté, dessus en maroquin marron.

33 — Deux fauteuils et deux chaises en bois noir couverts en cuir brun.

VESTIBULE ET ESCALIER

MOBILIER

34 — Quatre grands canapés et douze chaises en bois noir sculpté à rehauts d'or, couverts en damas de soie mordorée, dessin ton sur ton. Style Louis XIV.

35 — Meuble étagère en bambou, avec portes ornées d'applications d'ivoire et de nacre, dessin à branchages.

36 — Cartonnier en acajou orné de filets de cuivre, renfermant seize cartons. Style Louis XVI.

37 — Deux fauteuils capitonnés en soierie jaune, décor à grands feuillages en grisaille.

38 — Petite étagère, décor laqué à fleurs.

39 — Grande glace biseautée avec cadre Louis XIII.

40 — Coffre en bois sculpté avec panneau en incrustations d'ivoire. Travail dit de certosine, XVIIe siècle.

41 — Psyché en acajou et filets de cuivre, avec glace biseautée. Style Louis XVI.

42 — Support en bois noir, sculpté de Chine.

PREMIER ÉTAGE

LOGGIA

43 — Belle table bureau en bois de rose et palissandre sur huit pieds reliés par des croisillons, richement ornés de bronzes ciselés et dorés à arabesques feuillagées, bordure à gaudrons, dessus en maroquin. Style Louis XVI.

Haut. : 0m75.
Larg. : 0m90.
Long. : 1m88.

44 — Magnifique bibliothèque d'aspect monumental, en bois de luxe et marqueterie de différents tons, ouvrant à quatre portes pleines, dans le bas de chaque côté en retrait et ouvrant à une porte, le haut partie en ressaut ouvrant à deux portes garnies de glaces offrant au milieu, des médaillons à bustes de bacchants et de bacchantes suspendus à des nœuds de rubans, encadrements des portes à moulures ornementées, le bandeau à arabesques entrecoupées de tulipes, les montants surmontés de chapiteaux finement ciselés et le fronton avec trophée sur écusson et supporté par quatre fortes colonnes cannelées de cuivre et surmontées de chapiteaux corinthiens. Travail remarquable d'ébénisterie et de bronze. Style Louis XVI.

Haut. : 3m20.
Larg. : 3m45.

SALLE A MANGER

45 — VINGT CHAISES en chêne sculpté, rehaussé d'or, couvertes en tapisserie d'Aubusson, fond crème à fleurs, contrefond rouge. Style Louis XVI.

46 — DEUX ARGENTIERS à hauteur d'appui en chêne sculpté rehaussé d'or, côtés cintrés. Style Louis XVI. Dessus en marbre vert de mer

47 — TABLE OVALE en chêne sculpté à rehauts d'or. Style Louis XVI.

PETIT SALON

48 — BEAU MEUBLE A HAUTEUR D'APPUI en bois de rose garni de bronzes dorés, dessin à têtes d'homme et chaîne grecque. Il ouvre à deux portes en laque de Chine, fond noir à décor d'or, représentant des paysages avec figures. Style Louis XIV.

49-50 — DEUX TABLES A JEU en marqueterie de bois de luxe, dessin à losanges, pieds cannelés, avec ornements en bronze doré. Style Louis XVI.

51 — VITRINE PLATE en acajou garni de bronzes, bandeaux à arabesques. Style Louis XVI.

52 — AMEUBLEMENT de petit salon couvert en soierie bleue, dessin à fleurs composé d'un canapé et deux fauteuils.

53 — Deux chaises en bois sculpté et doré, style Louis XVI, couvertes en soierie bleue.

GRAND SALON

54 — Très bel ameublement de salon en bois sculpté et doré à rubans enroulés, guirlandes et carquois couverts en tapisserie d'Aubusson à sujets tirés des fables de Lafontaine. Style Louis XVI. Il se compose d'un canapé, de quatre fauteuils et de quatre chaises.

55 — Deux décors de croisées en peluche rouge avec cantonnières en tapisserie d'Aubusson à volatiles et paysages, galeries en bois doré de style Louis XVI.

56-57 — Deux belles consoles en bois noir et de thuya, garnies de bronzes ciselés et dorés à guirlandes et rosaces, fond de glace, avec statuettes de femmes en bronze doré supportant l'entablement du haut à dessus de marbre blanc, pieds à griffes. Style Louis XVI.

Haut : 1m05
Larg : 1m55

58-59 — Deux grandes consoles en bois sculpté et doré, bandeau à fleurs et fruits enrubannés, pieds à volutes et à griffes, dessus en marbre vert de mer, fond de glace. Ier Empire.

Haut : 1m
Larg : 1m65

60 — Table de milieu en bois sculpté et doré, de style Louis XIV ; dessin à mascarons et volutes, pieds à pilastres, dessus marbre blanc.

Haut : 0m85
Larg. : 1m45

61 — Glace biseautée avec cadre doré Louis XIII.

BILLARD

62 — Grand billard en noyer sculpté et ciré, pieds reliés par un croisillon surmonté d'un vase, maison Poulain, avec ses accessoires.

63 — Buffet dressoir en chêne scuplté rehaussé d'or.

64 — Table gigogne en vernis Martin, décor à fleurs.

SERRE

65 — Deux guéridons de forme octogonale en bois marqueté d'ivoire et de nacre. Travail oriental.

66 — Jardinière en céramique sur pied en bois sculpté.

67 — Table en chêne sculpté.

68 — Quatre fauteuils et six chaises de la maison Josef Kahn.

69-72 — Six jardinières en bois noir avec plaques en céramique fond bleu à feuillages.

73 — Deux grands supports orientaux en bois sculpté représentant un nègre et une négresse accroupis et tenant des aigles ; dans les niches du bas se trouvent des enfants nègres musiciens.

Haut. totale : 2m.

TROISIÈME ÉTAGE

PREMIÈRE CHAMBRE

74 — Ameublement de chambre a coucher en marqueterie de bois de violette et bois de rose richement garni de bronzes ciselés et dorés, dessin à rinceaux, feuillages, rais de cœur et rosaces. Il se compose : 1° d'un lit avec fond et devant en lampas capitonné fond vert d'eau décor à petits personnages; 2° d'une grande armoire ouvrant à une porte ornée, d'une glace biseautée; 3° d'une table de nuit à volets. Style Louis XVI.

75 — Petite table forme rognon en bois satiné marqueté de citronnier dessin à quadrillés, garni de bronzes dorés, avec tablette d'entrejambe. Style Louis XVI.

76 — Chaise longue, quatre fauteuils de formes différentes et deux chaises légères à pieds et dossiers en bois de violettes bronzes, couverts en lampas fond vert d'eau dessin à petits personnages.

77 — Chiffonnier en marqueterie de bois de violette, de palissandre et bois rose ouvrant à six tiroirs, garni de cannelures de cuivres et de bronzes, dessus en marbre. Style Louis XIV.

78 — Petit canapé en noyer sculpté rehaussé d'or, couvert en satin vert pâle broché à festons feuillagés. Style Louis XVI.

79 — Table a jeu en noyer ciré, dessus en drap vert.

80 — Bureau en marqueterie de bois de luxe garni de bronzes dorés. Style Louis XVI.

DEUXIÈME CHAMBRE

81 — Ameublement de chambre a coucher en bois de thuya, palissandre et marqueterie garni de bronzes dorés. Il se compose d'un grand lit de milieu à colonnes cannelées avec baldaquin à draperies devant et fond en satin, fond jaune, dessin à grands ramages blanc argent: d'une armoire flanquée de colonnes, ouvrant à une porte, à glace biseautée et d'une table de nuit à volets. Style Louis XVI, travail de la maison Pecquereau.

82 — Grand divan et quatre chaises à pieds cannelés, en bois sculpté, couverts en satin jaune, capitonnés, dessin à ramages blanc argent.

83 — Chaises longue, deux fauteuils et deux chaises légères couvertes en satin analogue.

84 — Coffre-Fort forme secrétaire. Dessus en marbre blanc, de la maison Fichet.

85 — Bascule Chameroy.

CABINET DE TOILETTE

86 — Petite commode en bois de rose et palissandre garnie de bronzes. Style Louis XV, dessus en marbre.

87 — Petite table chiffonnier en bois rose et palissandre, garni de cuivres, dessus à galeries. Style Louis XVI.

88 — Miroir à barbe nickelé.

89 — Deux petites tables, bambou et vannerie.

TROISIÈME CHAMBRE

90 — Beau lit de milieu en bois sculpté et doré, flanqué de colonnes cannelées et drapées, capitonné de soierie fond mordoré brochée à petits médaillons et guirlandes de fleurs. Style Louis XVI.

91 — Commode en marqueterie de bois ouvrant à quatre tiroirs ornés de bronzes, montants à consoles feuillagées, dessus en marbre blanc. Style Louis XVI.

92 — Grande armoire en palissandre ciré, ouvrant à trois portes ornées de glaces biseautées.

93 — Bibliothèque en palissandre sculpté, le haut vitré et le bas ouvrant à portes pleines.

94 — Grand canapé, deux fauteuils et deux chaises couverts en soierie brochée, fond mordoré à médaillons et guirlandes de fleurs.

95 — Pouf en bois doré Louis XVI, couvert en même étoffe.

96 — Deux chaises légères en noyer sculpté. Style Louis XV, couvertes en tapisseries au point à fleurs.

97 — Lit de milieu en cuivre jaune.

98 — Bureau plat en palissandre ouvrant à deux tiroirs avec tablettes aux extrémités.

99 — Petite table couverte de peluche rouge

100 — Table de nuit à volets en bois rose et palissandre garnie de bronzes dorés avec frise à attributs champêtres et guirlandes de feuillages. Style Louis XVI.

101 — Bureau de dame en thuya et palissandre, pieds à torsades, le haut formant étagère, orné de bronzes. Style Louis XVI.

102 — Commode en marqueterie de bois de palissandre et violette, à cannelures de cuivre, entrées de serrures et poignées en bronzes, dessus en marbre rouge griotte. Style Régence.

GARDE-ROBE

103 — Grande armoire de style Louis XV, en palissandre sculpté, ouvrant à trois portes, ornées de glaces biseautées.

104 — Meuble forme secrétaire en bois de palissandre, contenant dans le bas un coffre-fort de Verstaen. Dessus en marbre blanc.

105 — Très belle armoire en marqueterie de bois de rose, garni de bronzes, ouvrant à deux portes pleines.

SCULPTURES

MARBRES

BERNABO

106 — *La femme à l'oiseau.*

Elle tient dans sa main droite une jeune colombe, et s'appuie légèrement de sa main gauche sur un arbre nouvellement coupé.

Haut. : 0m85.

CARRIER-BELLEUSE (A.)

107 — *La Jeune Mère.*

Marbre.
Beau groupe.
Signé A. CARRIER.

Haut. : 1 mètre.

CARRIER-BELLEUSE (A.)

108 — *Baigneuse.*

Représentée endormie contre un rocher.
Statuette en marbre.
Signée.

Haut. : 0m7.

CLÉSINGER (J.)

109 — ***Le Satyre et la Bacchante.***

Assis l'un à côté de l'autre se regardant amoureusement.
Très beau groupe en marbre blanc.
Signé et daté 1869.
Socle en marbre.

Haut. : 1m10.

Posant sur un contre-socle recouvert de velours rouge.

Haut. totale : 1m70.

CLÉSINGER (J.)

110 — ***La Charmeuse.***

Sous les traits de Flore résumant la Jeunesse et la Beauté, elle a dompté le lion sur lequel elle est assise.
Très beau groupe équestre en marbre blanc.
Signé et daté 1869.
Sur socle recouvert de velours rouge.

Haut. : 1 mètre.
Larg. : 1 mètre.
Haut. totale : 2m10.

CLÉSINGER (J.)

111 — *Sapho.*

Représentée assise et expirant, le poignard échappé de la main.
Statuette en marbre.
Signé.
Sur socle recouvert de velours rouge.

Haut. : 0m80.
Larg. : 1m05.
Haut. totale : 2 mètres.

CLÉSINGER (J.)

112 — ***Sémiramis endormie.***

La reine parée de joyaux est étendue sur des coussins.
Statuette en marbre.
Signée et datée 1870.

Long. : 0m87.

CORNU (EUG.)

113 — *Jeune femme.*

Représentée regardant à droite, corsage drapé avec bouquet de fleurs.
Buste en marbre blanc.
Socle en marbre gris et contre-socle en marbre rouge.

Haut : 0m70.

MADRASSI (L.)

114 — *La Naissance de Vénus.*

Debout, sortant de la coquille, la déesse regarde en souriant, la main droite gracieusement posée sur la tête et retenant de la main gauche son ondoyante chevelure.
Statuette marbre blanc.
Signée.
Contre-socle en marbre onyx d'Algérie.

Haut. totale : 0m92.

MADRASSI (L.)

115 — *La Nuit.*

Sous les traits d'une jeune nymphe portée dans les nues, présentant de la main droite l'étoile scintillante.
Statuette en marbre blanc.
Signée.
Contre-socle en marbre onyx d'Algérie.

Haut. : 1m05.

NELSON (ANT.)

116 — *Mondaine 1793.*

Représentée la tête tournée à gauche, le regard provocant, coiffée d'un chapeau crânement posé sur le côté ; corsage gracieusement drapé enserre la taille par une large ceinture à nœud de rubans.
Joli buste en marbre blanc.
Signé.

Haut : 0m70.

X***

117 — *Avant le bain.*

Une jeune femme contemple la mer, et se cramponne à un rocher avant de se précipiter dans les flots.

Haut. : 0m60.

TERRES CUITES

CARPEAUX (B.)

118 — *La Bacchante.*

Terre cuite.
Buste.

Haut. : 0m40.

MAUBACH (A.)

119 — *L'Innocence tourmentée par les Amours.*

Groupe en terre cuite.

Haut. : 0m90.

MAUBACH (A.)

120 — *La Paysanne joyeuse.*

Buste en terre cuite.

Haut. : 0m65.

MAUBACH (A.)

121 — *Femme moyen-âge.*

Buste en terre cuite.

Haut. : 0m70.

MAUBACH (A.)

122 — *Les Négresses.*

Deux bustes en terre cuite.

Haut. : 0m70.

MAUBACH (A.).

123 — *Danseuse espagnole.*

Petite statuette en terre cuite.

MAUBACH (A.)

124 — *L'Espagnole.*

Terre cuite.
Buste.

Haut. : 0m80.

MAUBACH (A.)

125 — *La Rieuse.*

Terre cuite.
Buste.

Haut. : 0m80.

MAUBACH (A.)

126 — *Carmen.*

Buste terre cuite.

Haut. : 0m70.

MAUBACH (A.)

127 — *La Marguerite.*

Haut. : 0m70.

MAUBACH (A.)

128 — *Femme Renaissance.*

Terre cuite.
Buste.

Haut. : 0m[illegible]

MAUBACH (A.)

129 — *L'Andalouse.*

Terre cuite.
Buste.

Haut. : 0m[illegible]

MAUBACH (A.)

130 — *Les Pifferari.*

Deux statuettes en terre cuite.

X***

131 — *Statuette de femme.*

Pierre sculptée.

X***

132 — *L'Enfant à la chèvre.*

Groupe en marbre.

Haut. : 0m45.

GAINES ET COLONNES

133 — Deux gaines en marbre rouge griotte avec plaques en marbre bleu turquin.

134 — Deux gaines en marbre blanc rehaussé d'or avec griffes en marbre vert de mer.

135 — Deux colonnes en onyx d'Algérie avec chapiteaux corinthiens et bases en bronze doré de style Louis XVI.

136 — Colonne torse Louis XIII en bois noir sculpté rehaussé d'or, à guirlandes de vigne avec chapiteau.

137 — Deux gaines en terre cuite représentant des enfants dans des consoles.

138 — Deux gaines en marbre bleu turquin avec chapiteaux en marbre rouge griotte.

139 — Deux gaines en onyx d'Algérie, chapiteaux et bases en bronze doré.

BRONZES D'ART ET D'AMEUBLEMENT

140 — Belle pendule en bronze ciselé et doré représentant deux nymphes accoudées au cadran, surmonté d'un vase en porcelaine de Tournai gros bleu à médaillons Watteau et paysages, travail de style Louis XVI de la maison Marquis.

Haut. : [illegible]
Larg. : [illegible]

141 — Paire de candélabres en bronze ciselé et doré en forme de vases au milieu d'un trépied à guirlandes, draperies, rinceaux et mascarons à dix lumières. Style Louis XVI. Travail d'après Gouthières.

Haut. : [illegible]

142 — Très belle garniture de cheminée époque du Ier Empire en marbre porphyre et en bronze patine foncée et patine dorée. Elle se compose d'une pendule représentant Flore et l'Amour avec trophée de musique et enguirlandements de couronnes et de grands candélabres à figures de génies ailés et drapés tenant des couronnes d'où s'échappent des rinceaux à dix lumières.

Haut. de la pendule : [illegible]
Haut. des candélabres : [illegible]

143 — Garniture de cheminée en bronze ciselé et doré à draperies, rinceaux et guirlandes, composée d'une pendule surmontée d'un trophée carquois, flèches et torche, de deux candélabres et de deux flambeaux, cadran signé Marquis. Style Louis XVI. Inspirée des cartons de Gouthières.

144 — Galerie de foyer en bronze doré à balustrade et vases enguirlandés. Style Louis XVI.

145 — Paire de flambeaux en bronze doré à cannelures feuillagées. Style Louis XVI.

146 — Très belle pendule forme monumentale en marbre blanc richement garni de bronzes ciselés et dorés à volutes, guirlandes de fruits et nœuds de rubans; surmontée d'un brûle-parfums à têtes de béliers, cadran émaillé. Signé Marquis. Style Louis XVI.

Haut. : 0m90
Larg. : 0m70

147 — Devant de foyer en bronze poli à médaillons et guirlandes. Style Louis XVI.

148 — Garniture de cheminée en marbre blanc et bronze ciselé et doré composé 1° d'une pendule forme monumentale à colonnes, ornées de draperies et surmontée d'un vase, 2° de deux candélabres à sept lumières à vases enguirlandés sur trépieds et 3° de deux flambeaux à cannelures. Travail de style Louis XVI de la maison Marquis.

149 — Belle vasque en marbre blanc, supportée par un groupe d'enfants bretons en bronze sur socle en marbre blanc et contre-socle marbre rouge, avec tors de lauriers en bronze de style Louis XVI.

150 — Pendule forme fontaine de Wallace en bronze doré et argenté, sur socle en marbre rouge.

151 — Deux coupes en bronze argenté à feuillage de lierre en relief.

152 — Garniture de cheminée en marbre bleu turquin garni de bronzes, composée d'une pendule, cadran signé Lemaire-Charpentier et de deux petits candélabres à deux lumières. Style Louis XVI.

153 — Statuette en bronze : Andromède.

154 — Petite pendule forme cage en bronze ciselé et doré à arabesques. Style Louis XVI.

155 — Garniture de cheminée en bronze finement ciselé et doré et marbre bleu turquin composée d'une pendule forme monument, surmontée d'attributs allégoriques aux sciences et à la géographie, cadran signé Journet et Cie et de deux candélabres à quatre lumières formant cassolettes. Style Louis XVI.

156 — Petite lampe en bronze doré et émail cloisonné.

157 — Jolie pendule en bronze représentant une figure de femme allégorique à la géographie, accoudée sur le cadran signé Marquis, socle en marbre noir garni de bronzes dorés. Style Louis XVI.

158 — Deux flambeaux en marbre noir sculpté garni de bronzes dorés. Style Louis XVI.

159 — Très belle vasque en marbre jaune veiné, garni de bronzes dorés à pointes d'asperges, anses à volutes. Style Louis XVI.

160 — Deux chenets en bronze doré à vases enguirlandés. Style Louis XVI.

161 — CARTEL en bronze ciselé à rocailles feuillagées surmonté d'une figure d'amour, cadran signé LAMBERTON. Style Louis XV.

162 — GROUPE EN BRONZE : Chien de chasse et Lièvre.

Signé : E. Triffot. 1891.

163 — PAIRE DE CANDÉLABRES formés de vases en porcelaine gros bleu d'où s'échappent des bouquets à dix lumières avec montures en bronze doré. Style Louis XVI.

164 — DEUX VASES en bronze du Japon, décor à oiseaux et branchages en relief.

165 — FLAMBEAUX A DEUX BRANCHES en bronze doré à rocailles. Style Louis XV.

166 — GROUPE EN BRONZE : Allégorie à la guerre, de CARPEAUX.

167 — PETITE GARNITURE DE CHEMINÉE composée d'une petite pendule et de flambeaux à figures d'enfants en bronze, sur socles en onyx vert.

168 — DEUX PAIRES DE LAMPES en bronze, patine foncée, à côtes tournantes ornées de pointes d'asperges et avec arabesques dorées, posant sur des corbeilles supportées par des groupes de sirènes en bronze doré. Style Louis XVI

169 — PAIRE DE LAMPES formées de vases en marbre noir, montés en bronze parties dorées, anses à têtes de béliers et guirlandes de fleurs. Style Louis XVI.

TORCHÈRES ET LUSTRES

170 — Paire de grandes et belles torchères formées de grandes statues de femmes grecques, en bronze patine foncée. Signées : A. Carrier, portant des bouquets de lumières à rinceaux, feuillages en bronze doré, disposées pour le gaz ; posant sur des gaines en marbre rouge griotte avec plaques en relief en onyx d'Algérie, le bas orné d'un tors de laurier en bronze doré.

Haut. totale : [illegible]m30

171 — Deux grandes torchères à dix-neuf lumières en bronze doré, style Ier Empire, forme colonne enrichies de feuilles de chêne et d'acanthe, posant sur trois pieds de boucs enveloppés de volutes

Haut : 2m50

172 — Deux torchères formées de vases ovoïdes en porphyre oriental montés en bronze doré, anses à dragons ailés, panses ornées de guirlandes de fleurs et bouquets à treize lumières, posant sur fûts de colonnes en marbre rouge cannelé avec pointes d'asperges, guirlandes de fleurs et tors de lauriers en bronze.

Haut. totale : 2m25

173-174 — Quatre torchères forme trépied en marbre blanc montées en bronze doré sur trois cariatides de béliers avec bouquets à treize lumières formés de rinceaux feuillagés. Style Louis XVI.

Haut : 1m10

175 — Deux torchères forme brûle-parfums en marbre blanc, montées en bronze doré, ornées de guirlandes de fleurs, de têtes et griffes de lions avec bouquets à dix lumières. Ier Empire.

Haut : 1m25

176 — Paire de belles torchères formées de vases en marbre blanc d'où s'échappent des rinceaux en bronze doré à douze lumières, montés sur des trépieds à têtes de lions, guirlandes et feuillages en bronze doré. Style Louis XVI.

Haut : 1m20

177-178 — Quatre torchères en marbre blanc et bronze ciselé et doré, dessin à volutes, feuillages, guirlandes et nœuds de rubans. Style Louis XVI.

Haut : 0m95

179 — Paire de chenets en bronze ciselé et doré à brûle-parfums enguirlandés sur balustrades et à têtes de lions d'où s'échappent des flammes. Style Louis XVI.

180 — Lustre à trente lumières en bronze ciselé et doré, rinceaux à torsades et a feuillages ornés de cristaux et au centre d'un vase émaillé bleu. Style Louis XVI.

181-182 — Deux très grands et beaux lustres en bronze doré à quatre-vingt quatre lumières, ornés de plaquettes, de rosaces et de pylones en cristal taillé.

183 — Lustre en bronze à quarante-huit lumières orné de pendeloques et de guirlandes en cristal taillé.

184 — Très grand et beau lustre en bronze doré à amours, orné de cristaux.

185 — Lustre en bronze doré orné de cristaux.

186-187 — Deux lustres en bronze ajouré et doré, de style Renaissance à une lampe et douze bougies.

188-189 — Suspension a gaz en bronze doré à une lampe. Style Louis XVI.

190 — Lanterne de vestibule à gaz en bronze argenté et doré.

191 — Lustre en porcelaine de Saxe à dix-huit lumières, décor amours et fleurs en relief.

192 — Suspension en bronze ciselé et doré, à une lampe et six bougies. Style Louis XVI.

193 — Lustre à vingt-quatre lumières en bronze doré, centre formé d'un vase émaillé vert d'où s'échappent des rinceaux feuillagés ornés de cristaux.

194 — Suspension forme jardinière en céramique, monture en bronze bruni à trois lampes disposées pour le gaz.

195-196 — Quatre lampes d'appliques analogues.

197 — Grande suspension de billard en bronze doré à rinceaux, et feuillages à cinq lampes disposées pour le gaz.

198 — Lustre en bronze doré, orné de cristaux à vingt-quatre lumières.

199 — Suspension en bronze doré à figures de femmes et rinceaux, à quatre lampes disposées pour le gaz.

200 — Paire de grands vases forme Médicis en porcelaine de Sèvres (?), décor à médaillons de fleurs, fond gros bleu, montures en bronze doré. Style Louis XVI.

Haut. : 0m75.
Diam. : 1m40.

201 — Paire de grands vases forme ovoïde en porcelaine décorée de sujets mythologiques, signés Ch. Labarre, de Sèvres, les cols et les couvercles fonds gros bleu, rocailles et trophées à rehauts d'or, montures en bronze doré. Style Louis XVI.

Haut. : 1m.

PORCELAINES MONTÉES

202 — Paire de lampes en porcelaine gros bleu montées sur trépieds à cariatides de satyres en bronze doré. Style Louis XVI.

203 — Paire de grands vases en porcelaine de Chine, décor à cellules, fond corail et rose à fleurettes avec dragons s'enroulant tout autour, montures en bronze ciselé et doré de style Louis XVI.

Haut. : 0m68.

204 — Paire de grands cornets en porcelaine de Chine, décor à médaillons de paysages et emblèmes, montures en bronze ciselé et doré et tors de lauriers. Style Louis XVI.

205 — Deux grands vases en porcelaine de Chine, décor à réserves de personnages encadrés de fleurs, sur socles en bois noir.

206 — Deux grands vases en porcelaine de Chine à médaillons décorés de volatiles et paysages, socles en bronze doré à tors de lauriers de style Louis XVI.

207 — Petite pendule en porcelaine bleue turquoise, monture en bronze représentant : L'Amour au tambour.

208 — Paire de vases en porcelaine bleue turquoise décorés de médaillons à personnages et fleurs. Montures en bronze doré de style Louis XVI.

209 — Deux aiguières en ancienne porcelaine du Japon, décor bleu et rouge, montures en bronze à mascarons et chimères. Style Louis XV.

CÉRAMIQUES, PORCELAINES, FAIENCES

210 — Groupe en porcelaine de Saxe : *Apollon dans un char tiré par quatre chevaux et conduits par un Amour.*

211 — Beau service de table en porcelaine de Sèvres, bordure gros bleu à dessins dorés, avec chiffre et armoirie.

Il se compose de cent-quarante pièces.

212 — PETIT PLAT faïence de Delft, décor polychrome.

213 — DEUX GRANDS PLATS fond bistre, décor en relief à branchages fleuris et oiseaux.

Signé C. ROGER.

214 — DEUX GROUPES de gibiers en céramique formant porte-bouquets d'applique.

215 — GROUPE EN CÉRAMIQUE bleue turquoise representant : Un Tombereau tiré par deux bœufs.

216 — BRULE-PARFUMS en terre cuite du Japon, couvercle surmonté d'un personnage accroupi.

217 — DEUX CACHE-POTS en porcelaine de Chine, décor rouge, bleu et or, montures en bronze.

218 — GRANDE VASQUE en céramique, décor à lambrequins, volatiles et papillons.

219 — PAIRE DE VASES en faïence italienne, décor à sujets mythologiques, anses formées par des serpents enroulés.

220 — PAIRE DE GROSSES POTICHES en porcelaine de Chine, décor à branchages fleuris et volatiles, bordure à fond d'or.

221 — GRANDE VASQUE en céramique, fond jaune à branchages fleuris bordure à lambrequins.

222 — PAIRE DE VASES, décor analogue.

223 — Deux figurines en porcelaine d'Allemagne : *les Vendangeurs.*

224 — Grand vase en céramique, fond bleu, à figures et médaillon en ronde bosse, sur pied en bois noir.

ARGENTERIE ORFÈVRERIE

225 — Jardinière en cristal taillé, avec support en argent doré et ajouré.

226 — Ramasse-miettes et brosse de table.

227 — Plat terre émaillée, garniture en argent.

228 — Quatre salières bouts de table. et un moutardier argent de style Louis XV.

229 — Saucière argent.

230 — Sucrier et cafetière argent.

231 — Plateau rectangulaire en argent.

232 — Tasse avec soucoupe et cuillère argent

233 — Six coquetiers argent.

234 — Bougeoir argent. porte-huilier, et deux bouts de table en argent.

235 — TROIS PETITES COUPES, vide-poches en argent.

236 — DIX-HUIT CUILLÈRES à glace.

237 — SERVICE VERMEIL, composé de douze couverts d'entremets, douze couteaux manches vermeil et lames acier, et douze couteaux lames et manches vermeil, le tout chiffré H. D.

238 — DOUZE CUILLIÈRES A CAFÉ vermeil.

239 — DOUZE CUILLIÈRES à thé, une pince à sucre, un passe-thé, et une pelle à thé, le tout en vermeil.

240 — DEUX SERVICES à salade, et une pince à asperges argent, manche ivoire.

241 — DIX-HUIT COUTEAUX lames acier, manches en vermeil.

242 — DIX-HUIT COUTEAUX, lames dorées et manches en vermeil.

243 — DOUZE COUTEAUX A DESSERT, lames acier avec manches en vermeil.

244 — VINGT-QUATRE COUTEAUX DE TABLE manches en argent.

245 — DOUZE FOURCHETTES A HUITRES, lames et manches argent.

245 *bis* — Lot de jetons.

Ce lot sera divisé.

PLAQUÉ

246-252 — Seize Plats ronds et ovales de grandeurs diverses.

Ce lot sera divisé.

253-254 — Quatre Plateaux de diverses grandeurs.

Sera divisé.

255 — Quatre Coupes en cristal taillé, pieds en métal doré.

256 — Grand Plateau métal argenté.

257 — Beau Surtout de table en bronze argenté représentant une chasse au sanglier, composé de deux dressoirs-étagères et deux coupes avec supports en bronze argenté.

258 — Beau Plateau métal argenté, avec fond à glace

259 — Surtout de table cristal et bronze argenté à figures d'amours, composé de : une coupe de milieu, deux coupes et deux dressoirs étagères.

260-266 — Légumiers, Saucières, cafetières, moutardiers, bouts de table, compotiers, raviers, sucriers, ménagères, corbeilles à pain, etc.

Ce lot sera divisé.

267 — Deux Carafes en cristal taillé, montures métal. Plateau à sirops.

268-278 — Quantité de Couverts de table, d'entremets, cuillers à café, couteaux de table et à dessert, cuillers à sucre, services à découper, truelles à poisson, porte-couteaux, pinces et pelles à sucre, etc.

Ce lot sera divisé.

OBJETS DIVERS

279 — Petite Pendule émaillée bleue, ornée de bronzes ciselés et dorés, cadran entouré de strass. Travail de style Louis XVI, de la maison Boudet.

280 — Écritoire en bronze, forme vase enguirlandé. Style Louis XVI.

281 — Deux Petits Cornets en bronze patiné de Chine, à rehauts d'or avec chimères.

282 — Deux Boites couvertes de forme lenticulaire, en émail cloisonné de Chine, décor à fleurs, sur socle en bronze.

283 — Garniture de Bureau en cuivre: flambeau, encrier, plumier, essuie-plumes, etc.

284 — Belle Cave a liqueurs, forme cage, en verre gravé, monture en bronze doré à têtes de lions et ornements.

285 — Deux Bouteilles en émail cloisonné de la Chine, décor fond bleu-turquoise à fleurs.

286 — Petit Miroir sur chevalet avec cadre en porcelaine genre Saxe à fleurs.

287 — Pendule de voyage, forme cage, en bronze. Cadran signé Leroy.

288 — Boite oblongue en faïence de Marseille, décor à fleurs et personnages.

289 — Petite figurine de Chinois tenant un parasol, en bronze, sur socle à rocailles, formant baguier.

290 — Deux petites jardinières en émail cloisonné de Chine à fleurs.

291 — Deux Cendriers en bronze ciselé, dessin représentant des Japonaises.

Signés Berndorff.

292 — Chope en ancienne faïence de Nevers, décor bleu sur bleu, couvercle en étain.

TAPISSERIE, TENTURES, TAPIS

293 — Panneau en ancienne tapisserie verdure avec volatiles et fleurs.

Long. : $2^{m}80$.

Haut. : $2^{m}25$.

294 — Beau tapis d'Aubusson sur fond blanc avec médaillon et guirlandes de fleurs, bordure fond rouge à arabesques avec médaillons aux angles représentant des trophées de musique. Style Louis XVI.

Long. : 7 mètres
Larg. : 5 mètres.

295 — Tapis d'Aubusson dans le même goût que le précédent.

Long. : 5 mètres.
Larg. : 3m 20.

296 — Grand tapis d'Aubusson fond vert d'eau et fond rose à grands médaillons de fleurs, rinceaux, feuillages et guirlandes de fruits. Style Louis XVI.

Long. : 8 mètres.
Larg. : 4m 70

297 — Grand tapis d'Aubusson fond blanc et rouge dessin à médaillon de fleurs, guirlandes, bouquets et rinceaux style Louis XVI.

Long. : 6m 20.
Larg. : 5 mètres.

298 — Tapis d'Aubusson dessin Louis XVI fond rose et fond rouge à médaillon, bordure à fleurs.

Long. : 5m 50.
Larg. : 3m 55.

299 — Tapis d'Aubusson fond crème à fleurs, bordure à guirlandes et médaillons style Louis XVI.

Long. : 5m 50.
Larg. 5 mètres.

300 — Tapis fond blanc à dessin multicolore.

Long. : 5m 25.
Larg. : 4m 80.

301 — Beau tapis en moquette rouge à rosaces et bouquets bleus couvrant la galerie.

Long. : 17 mètres.
Larg. : 7m 70.

302 — Tapis semblable couvrant 24 marches et deux paliers, l'escalier conduisant à la loggia.

303 — Tapis semblable couvrant la loggia.

Long. : 5 mètres.
Larg. : 7m 70.

304 — Tapis semblable couvrant le cabinet de travail.

Long. : 5 mètres.
Larg. : 7m 70.

305 — Décor de croisée en lampas bleu ciel, décor en blanc argent à fleurs et nœuds de rubans avec lambrequins et galeries en bois doré, accompagné de doubles rideaux en soierie crème.

306 — Deux décors de croisées en peluche rouge avec lambrequins en tapisserie d'Aubusson à paysages et volatiles, galeries en bois doré de style Louis XVI, accompagnés de doubles rideaux en soierie brochée à fleurs fond crème.

307 — Deux décors de croisées en lampas fond rouge, décors grisailles et argentins à grands ramages, avec lambrequins et galeries bois dorés.

308 — Deux décors de croisées en tapisserie d'Aubusson, fond crème à fleurs, sur contre-fond rouge, avec lambrequins analogues.

309 — Deux décors de croisées en lampas broché à grands ramages grisailles et argentins sur fond rouge.

310 — Deux décors de croisées, décor à feuillage sur fond mordoré, doublé de satin rouge.

311 — Décor de baie en panne rouge avec passementerie métallique.

312 — Décor de baie en velours rouge

313 — Décor de croisée fond vert d'eau, dessin en grisaille à médaillons et entrelacs feuillagés.

314 — Deux décors de croisées avec lambrequins en satin jaune broché, à grands ramages blanc argent.

315 — Décor de lit et de deux croisées en soierie brochée, fond mordoré à médaillons et guirlandes de fleurs, dessin de style Louis XVI, galerie bois doré.

316 — Quatre coupes en brocart et lampas de différentes nuances.

317 — COUPE de cinquante-deux mètres en brocart crème à grands feuillages.

318 — NOMBREUSES TENTURES en satin et soierie brochée de différents tons, allant avec les meubles de la galerie, de la loggia et des salons.

319 — PLUSIEURS DÉCORS DE CROISÉES en velours rouge et vert.

320 — Objets divers.

LINGE DE MAISON

321 — TRENTE-QUATRE PAIRES DE DRAPS de maître à initiales brodées et soixante taies d'oreiller à initiales brodées.

322 — DEUX CENT VINGT-CINQ SERVIETTES de toilette.

323 — DEUX CHEMINS DE TABLE brodés à décor de fleurs.

324 — SERVICE DE TABLE composé d'une nappe et de douze serviettes, brodé en couleur, chiffre et casque.

325 — SERVICE DE TABLE composé d'une nappe et de douze serviettes, brodé, tulipe rouge.

326 — SERVICE DE TABLE brodé, œillets rouges.

327 — Onze services de table pour douze et dix-huit couverts, toile damassée et brodée.

328 — Trente-huit serviettes de table, initiales rouges et blanches.

329 — Dix-sept paires de draps d'office et cinquante taies d'oreillers.

330 — Environ trois cents serviettes de toilette et d'office.

331 — Quatre cents torchons d'office et d'écurie et deux cent cinquante tabliers.

332 — Lot considérable de rideaux de vitrage et d'imposte tulle brodé, mousseline et guipure.

Ce lot sera divisé.

333 — Dix-huit couvertures laine et coton, et dessus de lit.

Ce lot sera divisé.

LIVRES

334 — Environ 150 volumes reliés et brochés, œuvres diverses. Histoire de Barras, par Duruy. Dictionnaire de Littré. Dictionnaire de la conversation. Exposition de Vienne, 1873. Encyclopédie moderne. Guide de l'amateur de tableaux, par Th. Lejeune. Catalogues des ventes de tableaux, etc.

USTENSILES DE CAVE ET DE CUISINE ET MATERIEL DE JARDIN

335 — Nombreuse et belle batterie de cuisine en cuivre, fer blanc et fer battu, meubles divers, vaisselle et verrerie.

Ce lot sera divisé.

336 — Nombreux casiers ouverts et fermés, et environ 2,000 bouteilles vides.

337 — Bancs, chaises, tables, guéridons, vases et outils de jardin.

338 — Objets omis.

Succession Hubert DEBROUSSE

INVITATION
A L'EXPOSITION PARTICULIÈRE

Du Mardi 5 Juin 1900

DE 2 HEURES A 6 HEURES

66, AVENUE VICTOR-HUGO, 66

SOMPTUEUX MOBILIER

OBJETS D'ART

GARNISSANT SON HOTEL

Me LÉON TUAL
Commissaire-Priseur

Me GEORGES DUCHESNE
Commissaire-Priseur

M. A. BLOCHE, *Expert*

Paris. — Imp. Ménard et Chaufour 8-10, rue Milton

www.ingramcontent.com/pod-product-compliance
Ingram Content Group UK Ltd.
Pitfield, Milton Keynes, MK11 3LW, UK
UKHW021651260726
13994UKWH00003B/1417